女声合唱とピアノのための

赤い鳥小鳥

ー北原白秋童謡詩集ー

信長貴富 編曲

カワイ出版

女声合唱とピアノのための

赤い鳥小鳥

北原白秋童謡詩集

小田原地区合唱連盟の創立40周年を記念し、小田原ゆかりの詩人・北原白秋の作による童謡を集めたメドレー曲集が企画され、同連盟の委嘱により混声・女声・男声の３バージョンの制作が同時に進められました。

生涯を通じて30回以上もの転居をした北原白秋にとって、小田原は８年余り定住し、創作上の新境地を開いた特別な地であると言えます。白秋がもっとも熱心に童謡の創作に取り組んだのは小田原在住時代でした。今回合唱曲に編曲した童謡のほぼ全てがこの時期に発表されたものです。（「この道」のみ、白秋が小田原を離れた３ヶ月後に誌上発表されています。）

「赤い鳥小鳥」は白秋の代表的童謡詩であり、白秋自身も「この赤い鳥の羽ばたきから、わたしの新しい童謡の空が展けました。」と述べていることから、今回の編曲集のタイトルにしました。第１章「小さないのち」では愛しいものたちへ向けられた眼差しを、第２章「子供の村」では少年少女の生活の場面を、第３章「いつか来た道」では幼年へのノスタルジーをテーマとしています。ちなみに第２章のタイトルは1925年に出版された童謡詩集『子供の村』（アルス刊）から採らせていただきました。

白秋は約1,200篇もの童謡詩を残しています。その３分の１にあたる約400篇に曲が付いており、中には１つの詩に複数の作曲家が曲を付けているものもあるので、総数は600曲を超すと言われています。その夥しい童謡の中から、比較的よく知られているもの、メドレー形式の構成上ふさわしいものを選んで編曲しました。またできるだけ作曲家のバラエティを持たせることも考えたので、名曲を多く擁している山田耕筰や中山晋平の佳品の中で、やむを得ず選曲から外すことになった曲も多く出ることになりました。

白秋は童謡を創作するにあたって、子どもが意味を理解して歌える平易な言葉を選びつつ、しかも芸術性を失わないことを理念としていました。編曲にあたってはその理念に立脚し、詩人が見た風景、嗅いだ匂い、聴いた音を、合唱とピアノの音像の中に再現することを考えました。音楽を聴きながら、目の前に映像が次々に映し出されていくような感覚を感じていただけたら幸いです。

企画の実施にあたってお世話になった小田原地区合唱連盟関係各位に心から感謝申し上げます。

2010年２月

信長貴富

委　嘱　　小田原地区合唱連盟

全曲初演　2010年４月17日　大阪市中央公民館

《コーラスめっせ2010～水都中之島合唱フェスティヴァル》

指　揮　　雨森文也

ピアノ　　平林知子

合　唱　　公募女声合唱団

女声合唱とピアノのための

赤い鳥小鳥

北原白秋童謡詩集

【演奏上の註】

・各曲の曲名と歌詞の表記は『白秋全童謡集I〜V』（岩波書店）に拠っています。
・曲中のリピートは全て省略することができます。
・メドレー形式になっていますが各章は独立しています。また、下記の例のように部分を取り出して演奏することもできます。下記の例以外に、章のまとまりに関係なく各部分を自由に組み合わせて演奏することも可能です。

[およその所要演奏時間と部分演奏例]

第１章 小さないのち ――― (9 分 30 秒) ――― リピートを省いた場合（9 分 00 秒）

1. 揺籠のうた――― 第 1 章冒頭〜 29 小節→第 3 章 43 小節〜終止線 ― (4 分 10 秒)

2. 栗鼠、栗鼠、小栗鼠 + 3. 兎の電報 + 4. たあんき、ぽうんき
――― 第 1 章 33 〜 118 小節 3 拍目 ――― (2 分 45 秒)

5. ちんちん千鳥 ― 第 1 章 118 小節 4 拍目〜 139 小節 ――― (2 分 10 秒)

6. 赤い鳥小鳥――― 第 1 章 140 〜終止線 ――― (2 分 30 秒)

第２章 子供の村 ――― (8 分 00 秒) ――― リピートを省いた場合（7 分 10 秒）

7. すかんぽの咲くころ + 8. アメフリ
――― 第 2 章冒頭〜 105 小節 ――― (3 分 15 秒)

7. すかんぽの咲くころ + 10. 砂山
――― 第 2 章冒頭〜 29 小節→ 114 小節〜終止線 ――― (4 分 30 秒)

8. アメフリ ――― 第 2 章 30 〜 105 小節 ――― (2 分 00 秒)

9. かへろかへろと + 10. 砂山
――― 第 2 章 106 小節〜終止線 ――― (4 分 50 秒)

10. 砂山 ――― 第 2 章 114 小節〜終止線 ――― (3 分 50 秒)

第３章 いつか来た道 ――― (5 分 50 秒) ――― リピートを省いた場合（5 分 20 秒）

11. この道 ――― 第 3 章冒頭〜 17 小節 2 拍目でフェルマータ ――― (1 分 30 秒)

12. 揺籠のうた――― 第 3 章 40 小節〜終止線 ――― (2 分 50 秒)

全章通し ――― (約 24 分)

第1章　小さないのち

信長貴富　編曲

1. 揺《ゆり》籠《かご》のうた（草川 信 作曲）

11
mp
mf
dim.
ね ん ね こ ー ね ん ね こ ね ん ね こ
mp cresc.
mf
6
dim.
14
よ
p
8va
mp
17
mf

B
20
vocalise "U"
ゆりかごのうへに 枇《び》杷《わ》の実が揺れるよ
cresc.
mf
24
sub.p cresc.
mp
dim.
ねんねこー ねんねこ ねんねこ
6
3
27
よ
p
8va

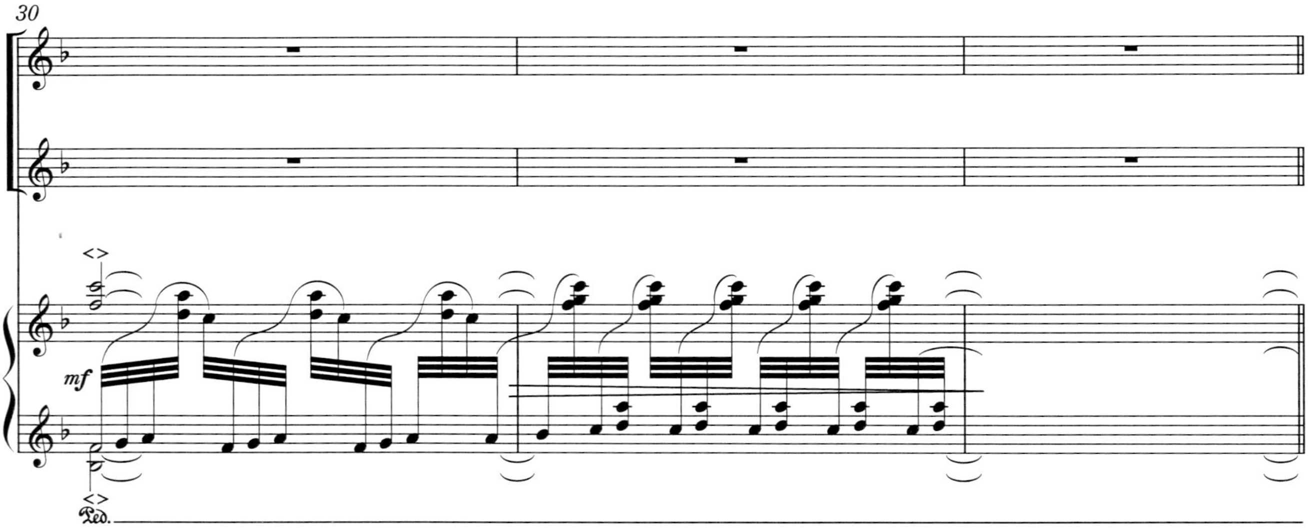

2. 栗鼠《りす》、栗鼠《りす》、小栗鼠《こりす》（成田為三 作曲）

43
D
mf
栗 鼠 栗 鼠 小 栗 鼠 ちょ ろ ちょ ろ 小 栗 鼠
栗 鼠 栗 鼠 小 栗 鼠 ちょ ろ ちょ ろ 小 栗 鼠
48
あ ん ず の 実 ィ が あ ー か い ぞ
さ ん しょ の つ ゆ が あ ー お い ぞ
あ ん ず の 実 ィ が あ ー か い ぞ
さ ん しょ の つ ゆ が あ ー お い ぞ
53
ー 食 べ 食 べ 食 べ 食 べ 小 栗
ー 飲 め 飲 め 飲 め 飲 め
ー 食 べ 食 べ 食 べ 食 べ 小 栗
ー 飲 め 飲 め 飲 め 飲 め
8va

3. 兎の電報（佐々木すぐる 作曲）

70 Sop.
郵 便 はい た つ えっ さっ さ たう き び ば た け を えっ さっ さ
div.2
Alt.
郵 便 はい た つ えっ さっ さ たう き び ば た け を えっ さっ さ
74
f
div.
div.
78 F mf
ひ ま は り が き ね を えっ さっ さ 両 手 を ふ り ふ り えっ さっ さ
S
mf
え っ さっ さ えっ さっ さ ぴょん ぴょ こ う さ ぎ が えっ さっ
A
mf
ひ ま は り が き ね を えっ さっ さ 両 手 を ふ り ふ り えっ さっ さ
mf
え っ さっ さ えっ さっ さ ぴょん ぴょ こ う さ ぎ が えっ さっ
F
mf

82
わ き め も ふ ら ず に えっ さっ さ 電 報 電 報 えっ さっ さ
さ 郵 便 はい た つ えっ さっ さ たう き び ば た け を えっ さっ
わ き め も ふ ら ず に えっ さっ さ 電 報 電 報 えっ さっ さ
さ 郵 便 はい た つ えっ さっ さ たう き び ば た け を えっ さっ
86
ー ー
さ ー
ー ー
さ ー
f

90
G
f
ひまはりがきねを えっ さっ さ 両 手をふりふり えっ さっ さ わきめもふらずに
え っ さっ さ えっ さっ さ ぴょん ぴょこ うさぎがえっ さっ さ 郵 便
ひまはりがきねを えっ さっ さ 両 手をふりふり えっ さっ さ
え っ さっ さ えっ さっ さ ぴょん ぴょこ うさぎがえっ さっ
(f)
95
えっ さっ さ 電 報 電 報 えっ さっ さ えっ さっ さ えっ さっ えっ さっ
はい たつ えっ さっ さ たう きび ばたけをえっ さっ さ えっ さっ えっ さっ えっ さっ
わきめもふらずに えっ さっ さ 電 報 電 報 えっ さっ さ えっ さっ えっ さっ
さ 郵 便 はい たつ えっ さっ さ たう きび ばたけをえっ さっ えっ さっ えっ さっ

4. たあんき、ぽうんき（中山晋平 作曲）

H 引き続き同じテンポ（♩≒88）で，しかし雰囲気を変えて
unis. f
たあ ん き ぽう ん き たん こ ろ りん

mf
た に し が こ ろ こ ろ ない て ゐ る

5. ちんちん千鳥（近衛秀麿 作曲）

121
mp
ち んちーん ち どーり の 啼《な》く 夜 さーは
pp
啼 く 夜 さーは
mp
ち んち ん ち どーり の 啼《な》く 夜 さーは
pp
啼 く 夜 さーは
mp
pp
124
p
mf
が ら す ど し めーて も ま だー さ むー い
solo(i)
pp
ま だー さ むー い
p
mf
が ら す ど し めーて も ま だ さ む い
solo(i)
pp
ま だ さ む い
p
mf
pp
127
J
tutti
mp
ち んちーん ち どーり の 啼 く こ えーは
pp
啼 く こ えーは
tutti
mp
ち んち ん ち どーり の 啼 く こ えーは
pp
啼 く こ えーは
J
mp
pp

131
p
mf
solo(i)
pp
あかりを消してもまだー消えーぬ
まだー消えーぬ
あかりを消してもまだ消えぬ
まだ消えぬ
6
K
Sop. solo
ちんちーんちどーりよお寝《よ》らぬーか
134
mp
pp
lontano
137
tutti
rit.
よあけの明《みゃう》ー星《じゃう》が早《は》やーしらーむ
よあけの明《みゃう》ー星《じゃう》が早《は》やしらむ
rapido
f

6. 赤い鳥小鳥（成田為三 作曲）

154
solo
あ か い 実 を た べ た
tutti
あ か い 実 を た べ ー
あ か い 実 を た べ
N
158
solo
し ろ い と り こ と り な ぜ な ぜ
た
た
dim.
163
し ろ い
tutti
し ろ い と り こ と り な ぜ な ぜ し ろ い
し ろ い と り こ と り な ぜ な ぜ し ろ い

168
solo
し ろ い 実 を た べ た
f
tutti
f
し ろ い 実 を た べ ー
f
し ろ い 実 を た べ
5
mf
f
O
172
Sop. solo(i)
mf
vocalise “A”
mf
た
あ をいと り こ と り な ぜ な ぜ
mf
た
あ をいと り こ と り な ぜ な ぜ
O
mf
177
cresc.
f
cresc.
f
あ を い あ をいと り こ と り な ぜ な ぜ あ を い
cresc.
f
あ を い あ をいと り こ と り な ぜ な ぜ あ を い
cresc.
f

Sop. div.
あ を い 実 を
Mez.
あ を い 実 を
solo
あ を い 実 を たべた
tutti
あ を い 実 を たべ ー た
あ を い 実 を たべた
たべた ー ー ー
A
たべた ー
A
たべ ー た ー ー ー
A
8va
Ped.

第2章　子供の村

信長貴富　編曲

7. すかんぽの咲くころ（山田耕筰 作曲）

14
mp
ぼくらしょうがくじんじゃうか
mf
今《け》朝《さ》も
ぼくらしょうがくじんじゃうか
今《け》朝《さ》も
p leggiero
cresc.
19
(poco riten.
a tempo)
かよってまたーもどる
すかんぽすかんぽ
かよってまたもどる
すかんぽすかんぽ
24
p
rit.
かわのふち
なつが来た来た
ドレミファ
かわのふち
なつが来た来た
ドレミファ
Ped.

8. アメフリ（中山晋平 作曲）

38
mp
あ め あ め ふ れ ふ れ か あ さ ん が
p
mp
42
C
mf dim.
蛇 の 目 で お む か ひ う れ し い な
vocalise "U"→
C
mf dim.
6
47
unis.
mp
か け ま しょ か ば ん を か あ さ ん の
p
p
mp

52
D
mf
あ とか ら ゆ こゆ こ か ねが な る
ピッ チピッ チ
mf dim.
6
57
lontano
ピッ チピッ チ ピッ チピッ チ
mp
あ らあ ら あ の子 は
p
62
ず ぶぬ れ だ
や なぎ の 根 かた で 泣 いて ゐ
mp

67
E
mf
lontano
る　ピッ チ ピッ チ　ピッ チ ピッ チ　ピッ チ ピッ チ
mf
mf dim.
6
p
72
p
ピッ チ　ピッ チ ピッ チ　ピッ チ　ピッ チ ピッ チ　ピッ チ ピッ チ
mp
か あ さ ん ぼ く の を 貸 し ま しょ か　き み き み
mp
77
F
ピッ チ　ピッ チ　ピッ チ ピッ チ　ピッ チ　ピッ チ ピッ チ
こ の か さ さ し た ま へ　ぼ く な ら い い ん だ
6

82
cresc.
ピッ チ ピッ チ ピッ チ ピッ チ ピッ チ ピッ チ ピッ チ
か あ さ ん の お おき な 蛇 の 目 に は い ーっ て
mp
87
G
mf
mp
ピッ チ ピッ チ ピッ チ ピッ チ ピッ チ チャッ プ チャッ プ チャッ プ
mf
mp
く ピッ チ ピッ チ ピッ チ チャッ プ チャッ プ チャッ プ
G
mf dim.
p
92
mf
mp
mf
ピッ チ ピッ チ ピッ チ チャッ プ チャッ プ チャッ プ ピッ チ
mf
mp
mf
ピッ チ ピッ チ ピッ チ チャッ プ チャッ プ チャッ プ ピッ チ ピッ チ
mf dim.
p
mf poco a poco dim.

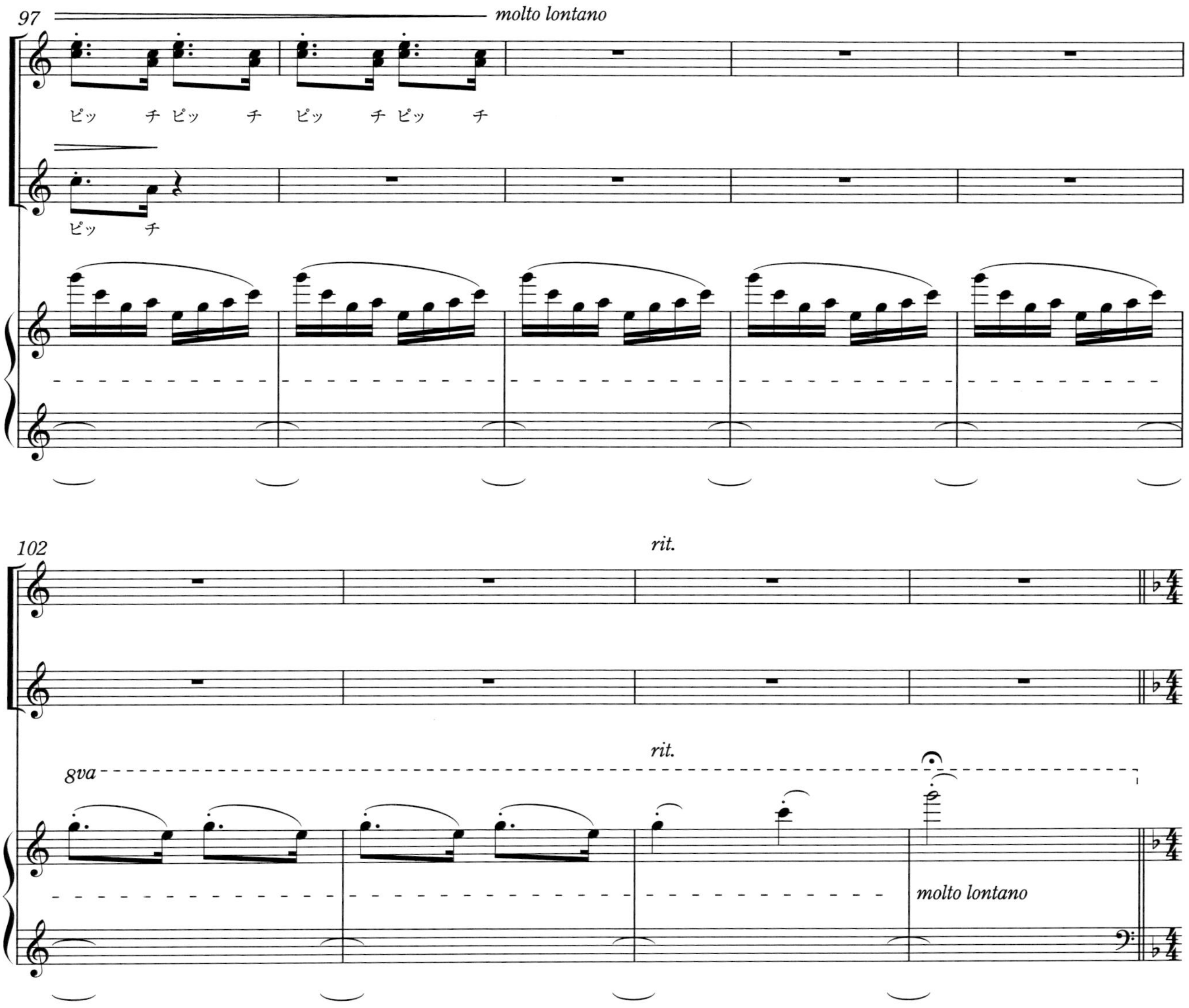

9. かへろかへろと（山田耕筰 作曲）

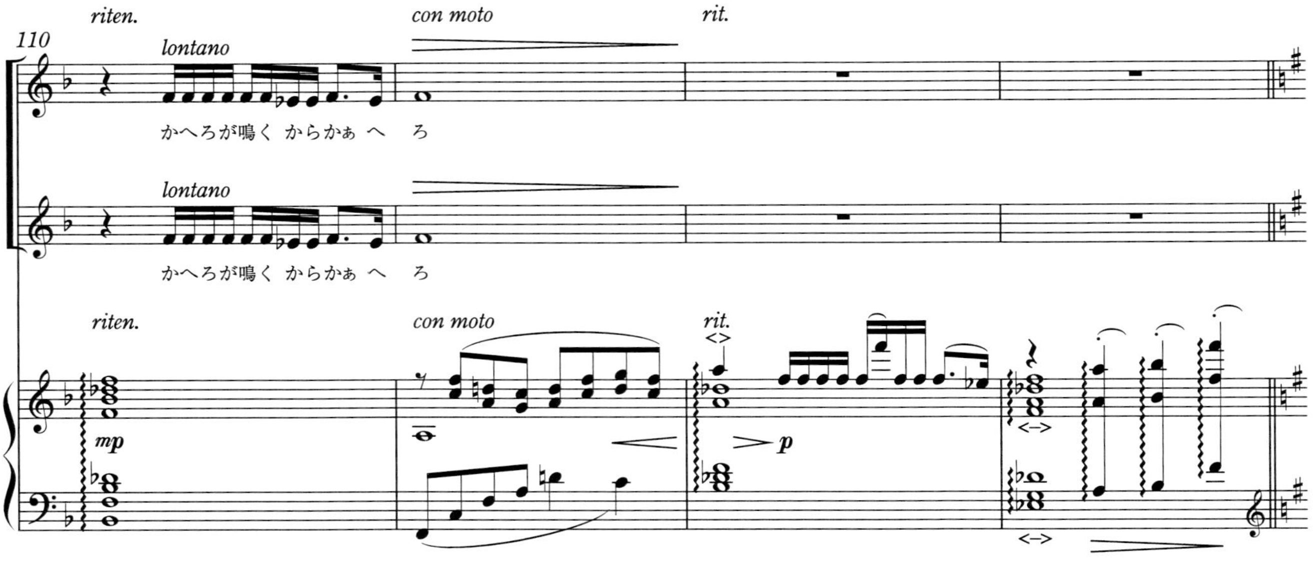
riten.
con moto
rit.
110
lontano
かへろが鳴く からかぁ へ ろ
lontano
かへろが鳴く からかぁ へ ろ
riten.
con moto
rit.
mp
p

10. 砂山（中山晋平 作曲）

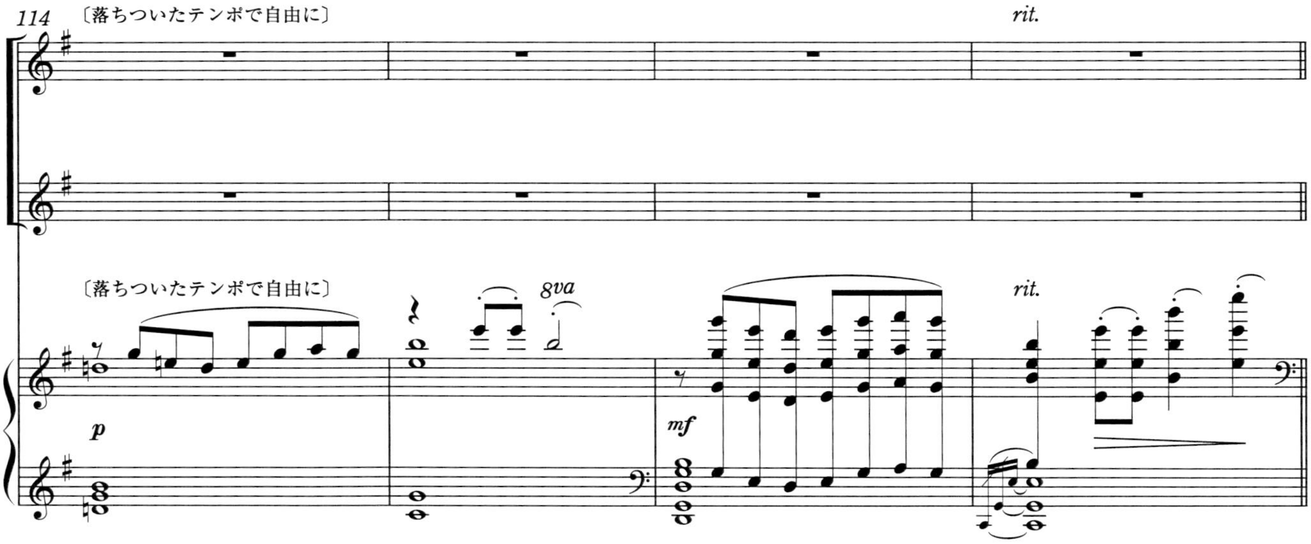
114
〔落ちついたテンポで自由に〕
rit.
〔落ちついたテンポで自由に〕
8va
rit.
p
mf

I 〔野趣あるように〕♩≒60
118
mp
う みは あ らー う み
I 〔野趣あるように〕♩≒60
mp

122
む か ー う は 佐 ー 渡 ー よ
mp
す ず め 啼 ー け ー 啼 け
126
mf
み ん な 呼 べ 呼 ー べ
mf
も ー う ー 日 は く ー れ た み ん な 呼 べ 呼 べ
130
お ほ し さ ま 出 ー た ー ぞ
J
Sop.
f
Mez.
lum lum lum lum
div.3
※mで伸ばす
f
Alt.
お ほ し さ ま 出 ー た ー ぞ
lum lum lum lum
J
f

134
Sop.
mf
暮 れ りゃ す な ー や ー ま し ほ ー な ー り ー ば ー か ー
Mez.
f
暮 れ りゃ す な ー や ま し ほ ー な り ば ー か ー り
Alt.
mf
暮 れ りゃ す な ー や ー ー ま し ほ な ー り ー ば か り
mf

138
cresc.
り す ず め す ず め ち ー り ぢ り か ぜ 荒 れ ー る
mf
cresc.
す ず ー め す ず め ち り ぢ り ー か ぜ ま た 荒 ー れ ー る
f
す ず め ち ー り ー ぢ り ま た ー か ぜ 荒 ー れ る
cresc.

142
pesante (un poco meno mosso)
rit.
みんなちりーぢーーり
A
みんなちりーぢり
もうーだれも見ーえーぬ
みんなちりぢり
A
pesante (un poco meno mosso)
rit.
Sop.
146
♩≒60
Mez.
Hum.
Alt.
Hum.
div.2
♩≒60
rapido
K
149
Sop.
Largo ♩≒50
かへろかへーろよ
Alt.
※ピアノは合唱パートのテンポとは無関係に♩≒60のまま進む。
K
mf dim.
repeat

152
ぐ み ー は ら わ ー け ー て ー
す ず め さ ー よ ー
p
す ず め さ ー よ ー な ら
fade out
(Ped.)
poco rit.
Un poco animato
rit.
う み よ さ よ な ー ら
f
156
な ら あ し ー た
div.3
う み よ さ よ な ー ら
さ よ ー な ら あ ー し た
Lento
160
さ よ ー な ら
pp
あ ー し ー た
8va
10
p
さらりと速く
lontano
Ped.

第3章　いつか来た道

信長貴富　編曲

11. この道（山田耕筰 作曲）

13
よ ー あ か し や ー の ー
よ ー ほ ー ら し ー ろ い
rit.
1.
よ ー は な が 咲 い て る
よ ー と け い だ い
よ ー は な が 咲 い て る
よ ー と け い だ い
rit.
1.
17
2.
B
(Tempo I)
unis.
だ よ
あ か し や ー の ー
だ よ
あ か し や ー の ー
2.
(accel.)
B
rubato (quasi recitativo)
rubato
22
(Tempo I)
は な が 咲 い て る
は な が 咲 い て る

27
riten.
Tempo I
あ あ さ う
div.
A A いつか来た
A さ う だ
rubato
più f
31
poco a poco rit.
Lento
さ う だ よ ー
み ち
このみ ち は い つか来た
さ う だ よ ー い つか来た
dim.
36
み ち
み ち
accel.
rit.
6
Ped.

12. 揺《ゆり》籠《かご》のうた（草川 信 作曲）

回想風に［第1章冒頭より少し遅く］

52
mp
mf
ね　ん　ね　こ　ね　ん　ね　こ
ね　ん　ね　こ　ー　ねん　ね　ん　ね　ー　こ　ねん　ね　ん　ね　こ　ー
ねん　ね　ん　ね　ー　こ　ー　ね　ん　ね　こ　ね　ん　ね　こ
mp cresc.
55
よ　ー
cresc.
ねん　ね　こ　よ
ゆ　り　か　ご　の
D
ねん　ね　こ　よ
ゆ　り　か　ご　の
57
つ　な　を　木《き》　ね　ず　み　が
つ　な　を　木《き》　ね　ず　み　が

59
揺 す る よ
ね ん ね こ ー
揺 す る よ
ねん ね ん ね ー こ ー
8va
61
ね ん ね こ
ね ん ね こ
ねん ね ん ね ー こ
ねん ね ん ね こ ー
ね ん ね こ
ね ん ね こ
E Grandioso
Sop. solo(i)
vocalise "A"
63
よ
cresc.
allarg.
ー
ねん ね こ よ
ゆ り か ご の
cresc.
ねん ね こ よ
ゆ り か ご の
allarg.
E Grandioso
cresc.

65
ゆ め に きい ろ い つ き が
ゆ め に きい ろ い つ き が
67
ね ん ね こ
か か る よ ね ん ね こ ー ねん ねん ねー こ
か か る よ ねん ねん ねー こ ー ね ん ね こ

70
rit.
G Meno mosso
accel.
riten.
ね ん ね こ よ ー
p
mf
ねん ねんね こー よ ー ル ルルルル ル ー ー
p
mf
ね んね こ よ ー ル ルルル
rit.
G Meno mosso
accel.
riten.
8va
3
6
p
74
a tempo
rit.
a tempo
rit.
mf dim.
p
pp
ppp

9　かへろかへろと

かへろかへろと
なに見《み》てかへる。
　寺《てら》の築地《ついぢ》の
　影《かげ》を見《み》い見《み》いかへる。

　　『かへろが鳴《な》くからかぁへろ。』

かへろかへろと
たれだれかへる。
　お手手《てて》ひきひき
　ぽつつりぽつつりかへる。
　『かへろが鳴《な》くからかぁへろ。』

かへろかへろとと
なに為《し》てかへる。
　葱《ねぎ》の小坊主《こぼうず》
　たたきたたきかへる。
　『かへろが鳴《な》くからかぁへろ。』

かへろかへろと
どこまでかへる。
　あかい燈《ひ》のつく
　三丁《てう》さきへかへる。
　『かへろが鳴《な》くからかぁへろ。』

10　砂山《すなやま》

海《うみ》は荒海《あらうみ》、
向《むか》うは佐渡《さど》よ、
　すずめ啼《な》け啼《な》け、もう日《ひ》はくれた。
　みんな呼《よ》べ呼《よ》べ、お星《ほし》さま出《で》たぞ。

暮《く》れりや、砂山《すなやま》、
汐鳴《しほな》りばかり、
　すずめちりぢり、また風荒《かぜあ》れる。
　みんなちりぢり、もう誰《だれ》も見《み》えぬ。

かへろかへろよ、
茱萸原《ぐみはら》わけて、
　すずめさよなら、さよなら、あした。
　海《うみ》よさよなら、さよなら、あした。

11　この道

この道《みち》はいつか来《き》た道《みち》、
　ああ、さうだよ、
あかしやの花《はな》が咲《さ》いてる。

あの丘《をか》はいつか見《み》た丘《をか》、
　ああ、さうだよ、
ほら、白《しろ》い時計台《とけいだい》だよ。

この道《みち》はいつか来《き》た道《みち》、
　ああ、さうだよ、
母《かあ》さんと馬車《ばしや》で行《い》つたよ。

あの雲《くも》はいつか見《み》た雲《くも》、
　ああ、さうだよ、
山査子《さんざし》の枝《えだ》も垂《た》れてる。

12　揺籠《ゆりかご》のうた

45頁参照。

ちんちん千鳥《ちどり》は親無《おやな》いか、
親無《おやな》いか、
夜風《よかぜ》に吹《ふ》かれて川《かわ》の上《うへ》、
川《かわ》の上《うへ》。

ちんちん千鳥《ちどり》よ、お寝《よ》らぬか、
お寝《よ》らぬか、
夜明《よあけ》の　明星《みやうじやう》が早《は》や白《しら》む、
早《は》や白《しら》む。

6　赤《あか》い鳥《とり》小《こ》鳥《とり》

赤《あか》い鳥《とり》、小鳥《とり》、
なぜなぜ赤《あか》い。
赤《あか》い実《み》をたべた。

白《しろ》い鳥《とり》、小鳥《とり》、
なぜなぜ白《しろ》い。
白《しろ》い実《み》をたべた。

青《あを》い鳥《とり》、小鳥《とり》、
なぜなぜ青《あを》い。
青《あを》い実《み》をたべた。

7　すかんぽの咲くころ

土手《どて》のすかんぽ、
ジヤワ更紗《さらさ》。

昼は蛍《ほたる》が
ねんねする。

僕ら小学
尋常科。

今朝《けさ》も通《かよ》つて
またもどる。

すかんぽ、すかんぽ、
川のふち。

夏が来た来た、
ド、レ、ミ、フア、ソ。

8　アメフリ（雨降り）

雨雨《あめあめ》、ふれふれ、母《かあ》さんが
蛇《じや》の目《め》でおむかひうれしいな。
　ピッチピッチ　チヤップチヤップ
　ランランラン。

かけましよ、鞄《かばん》を母さんの
あとからゆこゆこ鐘が鳴る。
　ピッチピッチ　チヤップチヤップ
　ランランラン。

あらあら、あの子はずぶぬれだ、
柳の根かたで泣いてゐる。
　ピッチピッチ　チヤップチヤップ
　ランランラン。

母さん、僕のを貸しましよか、
君君この傘さしたまへ。
　ピッチピッチ　チヤップチヤップ
　ランランラン。

僕ならいいんだ、母さんの
大きな蛇の目にはいつてく。
　ピッチピッチ　チヤップチヤップ
　ランランラン。

赤い鳥小鳥

北原白秋

詩は全文を掲載しています。

1　揺籠《ゆりかご》のうた

揺籠《ゆりかご》のうたを、
カナリヤが歌《うた》ふ、よ。
ねんねこ、ねんねこ、
ねんねこ、よ。

揺籠《ゆりかご》のうへに、
枇杷《びわ》の実《み》が揺《ゆ》れる、よ。
ねんねこ、ねんねこ、
ねんねこ、よ。

揺籠《ゆりかご》のつなを、
木《き》ねずみが揺《ゆ》する、よ。
ねんねこ、ねんねこ、
ねんねこ、よ。

揺籠《ゆりかご》のゆめに、
黄色《きいろ》い月《つき》がかかる、よ
ねんねこ、ねんねこ、
ねんねこ、よ。

2　栗鼠《りす》、栗鼠《りす》、小栗鼠《こりす》

栗鼠《りす》、栗鼠《りす》、小栗鼠《こりす》、
ちよろちよろ小栗鼠《こりす》、
杏《あんず》の実《みイ》が赤《あか》いぞ、
食《た》べ食《た》べ小栗鼠《こりす》。

栗鼠《りす》、栗鼠《りす》、小栗鼠《こりす》、
ちよろちよろ小栗鼠《こりす》、
山椒《さんせう》の露《つゆ》が青《あを》いぞ、
飲《の》め飲《の》め小栗鼠《こりす》。

栗鼠《りす》、栗鼠《りす》、小栗鼠《こりす》、
ちよろちよろ小栗鼠《こりす》、
葡萄《ぶだう》の花《はな》が白《しろ》いぞ、
揺《ゆ》れ揺《ゆ》れ小栗鼠《こりす》。

3　兎《うさぎ》の電報《でんぱう》

えつさつさ、えつさつさ、
ぴよんぴよこ兎《うさぎ》が、えつさつさ、
郵便《いうびん》はいだつ、えつさつさ、
唐黍《たうきび》ばたけを、えつさつさ、
向日葵垣根《ひまはりがきね》を、えつさつさ、
両手《りようて》をふりふり、えつさつさ、
傍目《わきめ》もふらずに、えつさつさ、
「電報《でんぱう》。」「電報《でんぱう》。」えつさつさ。

4　たあんき、ぽうんき

たあんき、ぽうんき、たんころりん。
田螺《たにし》がころころないてゐる。

たあんき、ぽうんき、たんころりん。
鴉《からす》が田螺《たにし》をつついてる。

たあんき、ぽうんき、たんころりん。
蛙《かへる》が目ばかり出してゐる。

たあんき、ぽうんき、たんころりん。
ちんちん電車もやつてくる。

たあんき、ぽうんき、たんころりん。
お彼岸《ひがん》まゐりもつづいてる。

註　「たあんき、ぽうんき、たんころりん」は鴉が田螺をつつく音です。

5　ちんちん千鳥《ちどり》

ちんちん千鳥《ちどり》の啼《な》く夜《よ》さは、
啼《な》く夜《よ》さは、
硝子戸《がらすど》しめてもまだ寒《さむ》い、
まだ寒《さむ》い。

ちんちん千鳥《ちどり》の啼《な》く声は、
啼《な》く声は、
燈《あかり》を消《け》してもまだ消《き》えぬ、
まだ消《き》えぬ。

女声合唱とピアノのための **赤い鳥小鳥** ー北原白秋童謡詩集ー 信長貴富《のぶながたかとみ》 編曲

●発行所＝カワイ出版 (株式会社 全音楽譜出版社 カワイ出版部)
〒161-0034 東京都新宿区上落合 2-13-3 TEL. 03-3227-6286 ／ FAX. 03-3227-6296
出版情報 **https://www.editionkawai.jp/**
●楽譜浄書＝神田屋 ●印刷・製本＝大日本印刷株式会社

ISBN978-4-7609-1684-9

2010 年 4 月 1 日 第 1 刷発行
2025 年 8 月 1 日 第 35 刷発行

信長貴富　女声（同声）合唱作品

空の名前〔改訂版〕
谷川俊太郎 他詩　（中級）

かんかんかくれんぼ ★
和歌山のわらべうた　（中級）

思い出すために
寺山修司 詩　（中級）

木 ★
谷川俊太郎 詩　（中級）

うたを うたう とき
長田 弘 他詩　（初〜中級）

風の季節・花の季節
岸田衿子 詩　（中級）

万葉恋歌《れんか》
大伴家持 他　（中〜上級）

青いフォークロア
金子みすゞ 詩　（中級）

メロディーは誰の胸の中にもある
サトウハチロー 詩　（中級）

風のこだま・歌のゆくえ ★
林芙美子・大手拓次 詩　（中〜上級）

果実のうた
新川和江 詩　（中級）

ヴィヴァルディが見た日本の四季
（中級）

ぎらりと光るダイヤのような日
茨木のり子 詩　（中級）

近代日本名歌抄
（中級）

なみだうた ★
竹久夢二 他詩　（中級）

風の季節・花の季節
岸田衿子 詩　（中級）

鎌 倉
芳賀矢一 詩　（中級）

赤い鳥小鳥
北原白秋童謡詩集　（中級）

ことのはの葉ずえで
大岡 信 詩　（中級）

２つのムーヴメント
小熊秀雄・金井直 詩　（中級）

種子《たね》はさへづる ★
山村暮鳥 詩　（中級）

おかる勘平
北原白秋 詩　（中〜上級）

世界中の女たちよ
福田須磨子 他詩　（中級）

東北地方の三つの盆唄〔改訂版〕
（中級）

だましてください言葉やさしく
高橋順子 他詩　（中級）

コルシカ島の２つの歌 ★
コルシカ島の伝承歌　（中〜上級）

かろやかな翼ある風の歌
立原道造 他詩　（中〜上級）

田 園
和合亮一 詩　（中級）

麦
石原吉郎 詩　（中〜上級）

ひざっこぞうのうた
やなせたかし 詩　（初〜中級）

悲しみ色のスケッチ
ゆきやなぎれい 詩　（中級）

太陽のほとり
石垣りん 詩　（中級）

三つのメッセージ
谷川俊太郎 詩　（中級）

あめちゃん
安達祥子 他詩　（中級）

デフォルメとフュージョン
〜三つの座敷唄による〜　（中〜上級）

植彩のアルバム
高橋順子 詩　（初〜中級）

太陽は宇宙を飛び出した ★
高橋久美子 詩　（上級）

超訳恋愛詩集 II
菅原 敏 詩　（中級）

ぼくの村は戦場だった
信長貴富テキスト構成　（中級）

きょうは いい日だ
石原 弦 詩　（初〜中級）

ジョセフ
白石かずこ 詩　（中〜上級）

からからと鳴る日々
阪田寛夫 詩　（初〜中級）

Transit
和合亮一 詩　（初〜中級）

神々の母に捧げる詩《うた》 ★
ネイティブ・アメリカンの口承詩　（中〜上級）

創造の草笛
大手拓次 詩　（中級）

ねむりそびれたよる
石津ちひろ 他詩　（初級）

こころよ うたえ ★
一倉 宏 詩　（初〜中級）

ワクワク ♡
谷川俊太郎 詩　（初〜中級）

言葉は ♡
谷川俊太郎 詩　（中級）

生きる理由 ♡
新川和江 詩　（中級）

年頭の誓い ♡
谷川俊太郎 詩　（初〜中級）

しあわせよカタツムリにのって ♡
やなせたかし 詩　（初〜中級）

ヒロシマの鳩 ♡
有馬 敲 詩　（初級）

は る ♡
谷川俊太郎 詩　（初級）

ジグザグな屋根の下で ♡
やなせたかし 詩　（初級）

幕《まく》 間《あい》 ♡
門倉 訣 詩　（初〜中級）

宝 物 ♡
永田 萠 詩　（初級）

君の川柳 ♡
詠み人シラーズ 詞　（中級）

祈ってもいいだろうか ♡
谷川俊太郎 詩　（初級）

合 唱 ♡
谷川俊太郎 詩　（初〜中級）

合唱ーもうひとつのー ♡
谷川俊太郎 詩　（中級）

う た ♡
村上昭夫 詩　（初級）

祝《ほ》ぎ歌《うた》 ♡
信長貴富 詩　（初級）

Fire ♡
和合亮一 詩　（初〜中級）

いっしょに うたおう ♡
石津ちひろ 詩　（初級）

★…無伴奏作品
♡…合唱ピース

女声合唱作品

女声合唱曲
Benedicta es tu, Virgo Maria
なかにしあかね 曲　（中級）

女声合唱曲
あいたくて
工藤直子 詩／三宅悠太 曲　（中級）

合唱ピース
さよーならまたいつか!
石若雅弥 編曲　（初～中級）

女声合唱組曲
あしたが ある
工藤直子 詩／山下祐加 曲　（初～中級）

女声合唱とピアノのための
道しるべ
茨木のり子 詩／寺嶋陸也 曲　（中級）

同声合唱とピアノのための
舞いおどる言葉たち
工藤直子・谷川俊太郎 詩／松下 耕 曲　（初～中級）

二部合唱のための
暴れん坊将軍のテーマ・マツケンサンバII
松平 敬 編曲　（初級）

女声合唱ピース
Mela !
桜田直子 編曲　（中級）

女声合唱組曲
美しきためいき
サトウハチロー 詩／山下祐加 曲　（初～中級）

女声合唱曲
それでそれでそれで
サトウハチロー 詩／山下祐加 曲　（中級）

無伴奏女声四部合唱曲
わが道は明日《あす》も
与謝野晶子 詩／なかにしあかね 曲　（中級）

ちょっとオシャレな女声合唱曲集
恋におちてー Fall in Love ー
松波千映子 編曲　（中級）

女声二部合唱のための
光輝く未来へ
伊藤一樹 詩／石若雅弥 曲　（初級）

女声合唱のための
今日をきらめく
谷川俊太郎 詩／大熊崇子 曲　（中級）

女声合唱とピアノのための
このたたかいが終わったら
覚 和歌子 詩／三宅悠太 曲　（中級）

大中恩女声合唱小品集
秋の女《おみな》よ
大中 恩 曲　（初～中級）

二部合唱のための３つのソング
ねむりそびれたよる
信長貴富 曲　（初級）

女声合唱組曲
あいたくて
工藤直子 詩／瑞慶覧尚子 曲　（中級）

同声二部合唱ピース
翼をください
根岸宏輔 編曲　（初～中級）

無伴奏同声合唱のための
旅二景
谷川俊太郎 詩／鈴木輝昭 曲　（中級）

女声合唱とピアノのための
音 楽
土田豊貴 曲　（中級）

女声合唱とピアノのための
木肌がすこしあたたかいとき
高橋順子 詩／松崎泰治 曲　（初～中級）

同声（女声）二部合唱とピアノのための
Wonderful One Day
山本 学 曲　（初～中級）

女声合唱曲集
音楽の前の……
北川 昇 曲　（初～中級）

女声（童声）二部合唱のための阪田寛夫童謡集
うたえバンバン
大中 恩／山本直純 曲　（初級）

女声合唱とピアノのための
優しき歌
立原道造 詩／名田綾子 曲　（中級）

女声二部合唱とピアノのための
世界中の幸せの量が一定だったとしたら
御徒町 凧 詩／宮本正太郎 曲　（中級）

同声合唱曲
道みち
吉本嘉典 詞／瑞慶覧尚子 曲　（初～中級）

同声合唱曲
空の向こうがわ
友竹 辰 詩／間宮芳生 曲　（初級）

女声合唱とピアノのための
窓のとなりに
谷川俊太郎 詩／松下 耕 曲　（初～中級）

無伴奏女声合唱のための
ほんとのきもちをください
谷川俊太郎 詩／松崎泰治 曲　（初～中級）

合唱ピース
賜 物
石若雅弥 編曲　（初～中級）

女声三部合唱曲
故 郷
源田俊一郎 編曲　（初～中級）

同声合唱ピース
神様からの贈り物
田畠佑一 編曲　（中級）

女声合唱とピアノのための
奇跡の空間
土田豊貴 曲　（初～中級）

女声二部合唱曲
星に祈りを
大越 桂 詩／根岸宏輔 曲　（初～中級）